I.

LES ÉTUDES DU JEUNE NAPOLÉON.

Napoléon nacquit à Ajaccio, en Corse, le 15 août 1769. Il partit pour la France en novembre 1777, et fut reçu, le 5 avril 1778, à l'école militaire de Brienne. On reconnut bientôt en lui une grande aptitude pour les sciences exactes, et un goût décidé pour tout ce qui a rapport à l'art de la guerre. La lecture et la méditation partageaient ses momens de loisir. La patrie étoit son dieu; elle lui inspira un poëme sur la liberté de la Corse. Ame énergique, mœurs austères, caractère ferme, passion de la gloire, tout présageait qu'il était né pour commander. Entré, le 22 octobre 1784, à l'école militaire de Paris, il mérita, dès le 1er. septembre 1785, le grade de lieutenant au régiment d'artillerie de la Fère, et sortit de cette école le 28 octobre suivant.

Cette médaille représente le jeune Napoléon debout et appuyé sur un socle, traçant des figures géométriques. Minerve descend du ciel pour présider à ses travaux. La légende IVVENTUS AVGVSTI, signifie *Jeunesse de l'Empereur.*

II.

LA PRISE DES ISLES DE LA MAGDELEINE.

Janvier 1793.

Napoléon suivit son régiment, en 1786, à Valence, en 1787, à Douay, et en 1788, à Auxonne où il resta trois ans. Il employa ce temps à se perfectionner dans la tactique, l'histoire et la politique. Cependant la révolution avait éclaté. La Corse venait d'être déclarée département français : le jeune guerrier y passa en 1791, et fut proclamé lieutenant-colonel de la garde nationale. La France ayant tenté, en janvier 1793, une expédition contre la Sardaigne, Napoléon attaqua les îles du détroit de Boniface, s'empara de Saint-Étienne et de son fort, prit la Magdeleine, et bombarda Cabrèra.

C'est le sujet de cette médaille. On y voit une femme, debout sur un rocher, tenant de la main gauche un gouvernail. Elle porte dans la droite une branche d'arbousier, et montre un trophée élevé sur une île. Une étoile brille au-dessus de sa tête. La légende, BONAE SPEI, signifie *A la bonne Espérance*, et l'exergue, AN. XXIII INSVLAS ET ARCES CEP. *A l'âge de 23 ans, il a pris des îles et des forteresses.*

III.

REPRISE DE TOULON.

Décembre 1793.

La Corse était en proie à la discorde, et les partisans de l'Angleterre y soutenaient la révolte. Napoléon avait refusé les offres les plus séduisantes et combattu les rebelles. Voyant ses efforts mal secondés, il revint en France au moment où Toulon se rendait à l'ennemi. Il entra, comme chef de bataillon, dans l'armée destinée à reprendre cette place dont, peu de temps après, on forma le siége. L'Anglais n'avait rien épargné pour en augmenter les fortifications. L'attaque commence : les dispositions prises par Napoléon, son intrépidité, son activité, donnent à l'artillerie un succès complet. Les redoutes sont emportées, et la ville est reprise, le 21 décembre 1793. Tant de bravoure valut au Héros, sur le champ de bataille, le grade de colonel et, à Toulon, celui de général.

Dans cette médaille, on voit un fort assiégé et, à quelque distance, des vaisseaux en rade. Napoléon ordonne aux soldats de monter à l'assaut. Les mots TELONE MARTIO RECEPTO, signifient *Toulon reprise*.

IV.

LE COMMANDEMENT DE L'ARMÉE DE L'INTÉRIEUR.

Le premier soin de Napoléon, dans son nouveau grade, fut d'améliorer la discipline. Désigné pour l'armée d'Italie, il démontra les vices de la tactique qu'on y avait adoptée, et travailla sans relâche à perfectionner les plans de campagne qu'il méditait depuis long-temps ; mais l'envie ne tarda pas à s'éveiller. Il quitta Nice, où il s'était rendu, et vint à Paris, en 1795. La capitale était alors un foyer de troubles. On vit dans Napoléon le seul homme capable de réprimer toutes les factions, et on le nomma Commandant de l'armée de l'intérieur. Il fit respecter les lois, ramena l'ordre et assura la tranquillité publique. Ce commandement dura depuis octobre 1795 jusqu'en février 1796.

On voit, sur cette médaille, le Général à cheval dans l'attitude du commandement. La légende, ADSERTORI TRANQVILLITATIS PVBLICAE, et l'exergue, GALLIA III NON. OCT. CIƆIƆCCXCV, signifient, *La France au Défenseur de la tranquillité publique*, le 5 octobre 1795.